100 FAITS
INCROYABLES
SUR LE
PORTUGAL !

TERRES RARES

« *Je ne suis pas un athlète du monde.*
Je suis un Portugais qui a fait de son mieux. »

Cristiano Ronaldo

« *Les hommes sont comme les vins : avec le temps,*
les bons s'améliorent et les mauvais tournent au vinaigre. »

Proverbe portugais

« *La saudade, c'est le prix*
que nous payons pour aimer et rêver. »

José Luís Peixoto

SOMMAIRE

CULTURE 6

GÉOGRAPHIE 29

HISTOIRE 48

NATURE 71

TECHNOLOGIES ET INVENTIONS 88

VIE QUOTIDIENNE ET SOCIÉTÉ 106

SOURCES 134

Introduction

Le Portugal est bien plus qu'un simple point sur la carte. C'est une terre où les légendes prennent vie, où l'océan murmure des secrets d'explorateurs disparus, et où chaque pierre semble porter le poids d'une histoire que le monde a oubliée. Mais ce livre ne se contente pas de raconter l'ordinaire. Non, ici, nous débusquons l'étrange, l'incroyable, et le fascinant : ces faits cachés qui feront vibrer votre imagination…

Saviez-vous qu'on peut « admirer » la tête d'un célèbre psychopathe dans du formol ? Qu'un village englouti refait surface comme un fantôme lorsque la sécheresse arrive ? Ou qu'un art martial 100% portugais a sauvé des centaines de vies sur les champs de bataille ?

Le Portugal, c'est tout cela : un mélange irrésistible de traditions qui défient la raison, de paysages qui coupent le souffle, et d'histoires si incroyables qu'on pourrait les croire inventées !

Ce livre est une invitation à explorer un Portugal que vous n'avez jamais vu, un pays où la beauté côtoie le mystère, où chaque village, chaque plat, chaque coutume recèle une surprise.

Alors préparez-vous. Ce que vous allez lire ne se trouve dans aucun guide traditionnel. Ouvrez ce livre et laissez-vous emporter par les 1001 facettes du Portugal, un pays qui n'a pas fini de vous étonner.

Vous êtes prêt ? Alors embarquez avec moi dans cette aventure incroyable à la découverte du Portugal. Je vous garantis que vous ne pourrez pas vous arrêter avant d'avoir dévoré toutes les pages…

CULTURE

Fait n°1

Une langue universelle

Le portugais est la 6ème langue la plus parlée au monde ! En 2024, il y a environ **271 millions de locuteurs de portugais** dans le monde. Le portugais est bien plus qu'une langue : c'est un véritable passeport culturel qui connecte des millions de personnes à travers le monde.

Héritage des explorateurs portugais, il s'est diffusé sur plusieurs continents, devenant la langue officielle ou co-officielle de nombreux pays.

Top 5 des pays lusophones (par nombre de locuteurs natifs) :

1. **Brésil** – 214 millions de locuteurs
2. **Angola** – 22,1 millions de locuteurs
3. **Mozambique** – 14,2 millions de locuteurs
4. **Portugal** – 10 millions de locuteurs
5. **France** – 1 millions de locuteurs

Fait n°2

Le poulet vindaloo est portugais !

À l'origine, le *carne de vinha d'alhos* était un modeste ragoût portugais à base de porc mariné dans du vin, du vinaigre et de l'ail. Mais lorsque les marchands portugais apportèrent la recette **à Goa, en Inde**, les épices locales s'invitèrent dans le plat, créant une version plus relevée.

De retour en Europe, le Vindaloo trouva sa place dans les restaurants indiens de **Grande-Bretagne**, avant de se diffuser dans le monde entier et de devenir un favori des amateurs de plats épicés !

Fait n°3

Le dessert au secret bien gardé

Le *pastel de nata*, emblème des douceurs portugaises, cache une histoire délicieuse. Au XVIIIe siècle, **une religieuse du monastère des Jéronimos** à Lisbonne, désireuse de réutiliser les jaunes d'œufs accumulés (les blancs servant à amidonner les vêtements), créa cette tarte crémeuse et sucrée.

Mais lorsque **le monastère ferma en 1820**, la recette fut vendue à une pâtisserie qui en fit une icône nationale. Aujourd'hui, les *pastéis de nata* sont dégustés partout dans le monde, souvent accompagnés d'un café, et restent un symbole gourmand de l'ingéniosité monastique portugaise.

Le pastel de nata, emblème de la gastronomie portugaise, connaît une popularité grandissante tant au Portugal qu'à l'international. Bien que les chiffres précis de consommation annuelle soient difficiles à obtenir, il est indéniable que des millions de ces délicieuses tartelettes sont savourées chaque année à travers le monde. Par exemple, en 2018, la chaîne de supermarchés Lidl au Royaume-Uni a rapporté avoir vendu 2 000 pastéis de nata en moins d'une heure !

Fait n°4

L'homme aux 70 identités

Fernando Pessoa, l'un des plus grands poètes portugais, n'était pas qu'un écrivain : il était une multitude de personnages. Au lieu de signer ses œuvres sous son propre nom, il leur donnait vie à travers des hétéronymes, chacun doté de sa personnalité, de son style d'écriture et même de son histoire.

Alberto Caeiro, le poète pastoral ; Álvaro de Campos, le moderniste exubérant ; Ricardo Reis, le classiciste stoïque... Ce n'est pas une œuvre qu'il a laissée, mais **un véritable univers** littéraire. Une créativité sans limite qui continue d'émerveiller les lecteurs du monde entier.

Fait n°5

Quand les sardines deviennent royales

À première vue, les sardines pourraient sembler être un mets modeste. Mais au Portugal, ces petits poissons argentés sont une institution culturelle et gastronomique. Pendant les **fêtes de la Saint-Antoine**, des millions de sardines sont grillées dans les rues de Lisbonne, embaumant l'air d'un parfum irrésistible.

Mais le plus fascinant ? Les sardines ont même conquis l'art et le design. Chaque année, Lisbonne organise un concours où artistes et amateurs imaginent des représentations créatives de sardines : sardines en mosaïque, sardines en pixel art, sardines cosmiques... **La sardine portugaise**, humble mais irrésistible, prouve que même les plus petites choses peuvent inspirer la grandeur.

Fait n°6

La plus vieille librairie du monde !

Lisbonne abrite la **livraria Bertrand**, officiellement reconnue par le Guinness des records comme la plus ancienne librairie en activité au monde. **Fondée en 1732**, elle a survécu à des tremblements de terre, des révolutions et des guerres, tout en restant un sanctuaire pour les amoureux des livres.

Chaque recoin de cette librairie raconte une histoire : des tables en bois patinées par le temps aux murs chargés de livres anciens et modernes. C'est ici que des auteurs célèbres, comme Eça de Queirós, ont débattu de littérature et d'idées. Même aujourd'hui, la Bertrand reste un lieu incontournable pour tout passionné de culture.

Fait n°7

Le Portugal, terre du tatouage

Peu de gens le savent, mais le Portugal a joué un rôle important dans la diffusion de **l'art du tatouage en Europe**. Au XVe siècle, lorsque les explorateurs portugais ont commencé leurs voyages vers l'Asie et l'Afrique, ils ont rapporté des récits, des dessins et parfois même des tatouages réalisés par des artistes qu'ils avaient rencontrées.

Avec son port cosmopolite, **Lisbonne** est devenue un point de convergence pour cet art, inspirant de nombreux marins européens à adopter cette pratique. Aujourd'hui, les tatouages portugais, souvent influencés par des motifs marins ou religieux, font écho à ce passé aventureux.

Fait n°8

Un tempura ? Pas de sushi !

Si vous pensez que le tempura est une invention 100 % japonaise, détrompez-vous ! Son origine remonte au XVIe siècle, lorsque **des missionnaires portugais**, principalement des jésuites, arrivèrent au Japon pour évangéliser. Ces religieux apportèrent avec eux la technique de frire les aliments dans une pâte légère à base de farine et d'œufs, afin de respecter les jours de jeûne catholique appelés "ad tempora quadragesimae".

Les Japonais, fascinés par cette méthode culinaire, l'adoptèrent et l'améliorèrent en utilisant des ingrédients locaux comme les crevettes, les légumes et les algues. Aujourd'hui, le tempura est un emblème de la cuisine japonaise, mais son origine portugaise reste un secret bien gardé. Ironiquement, le tempura est plus célèbre au Japon qu'au Portugal, où cette technique est presque tombée dans l'oubli.

Fait n°9

Le thé, c'est nous !

Saviez-vous que **le rituel britannique du thé** à 17 heures doit une partie de son existence au Portugal ? Catherine de Bragance, princesse portugaise, épousa le roi Charles II d'Angleterre en 1662.

Grande amatrice de thé, elle apporta cette habitude à la cour anglaise, popularisant ainsi la consommation de thé en Angleterre !

Fait n°10

Des roses… et des miracles

Sainte **Élisabeth du Portugal**, connue comme la "Reine Sainte", est l'une des figures les plus fascinantes de l'histoire portugaise. Née en 1271, elle fut mariée au roi Dinis, un souverain au caractère difficile. Malgré un mariage tumultueux marqué par des infidélités et des luttes de pouvoir, Élisabeth demeura un modèle de patience, de charité et de foi.

La légende la plus célèbre à son sujet raconte qu'un jour, alors qu'elle portait du pain en cachette pour nourrir les pauvres, elle fut surprise par son mari. Celui-ci, suspectant une trahison, lui demanda ce qu'elle transportait sous son manteau. Lorsque la reine ouvrit son vêtement, le pain s'était miraculeusement transformé en roses éclatantes, bien qu'on soit en plein hiver.

Élisabeth passa les dernières années de sa vie comme religieuse, renonçant aux fastes de la cour. Elle fut canonisée en 1625, et sa légende continue d'inspirer le peuple portugais.

Fait n°11

Les processions des cercueils vides

Dans certaines régions du nord du Portugal, notamment à Viana do Castelo, il existe une tradition étrange et fascinante : les **processions des cercueils vides**. Lors des fêtes de Pâques, les habitants portent des cercueils décorés à travers les rues pour symboliser la résurrection du Christ.

Ces cercueils ne contiennent pas de corps, mais ils sont souvent remplis de fleurs et ornés de tissus richement brodés. Ce rituel, profondément enraciné dans le catholicisme populaire, mêle spiritualité et spectacle. Pour les habitants, il s'agit d'un moment de communion et de célébration, mais pour les visiteurs, ces processions ont **une atmosphère mystique et presque surnaturelle**. Un paradoxe saisissant entre la mort symbolique et la vie triomphante.

Fait n°12

La chapelle de l'horreur

La ville d'Évora abrite la **Chapelle des Os**, une macabre construction du XVIe siècle où les murs et les colonnes sont entièrement recouverts de crânes et d'ossements humains.

Cette chapelle, construite par des moines franciscains, visait à rappeler la nature éphémère de la vie. À l'entrée, une inscription en latin avertit : "Nous, os qui sommes ici, attendons les vôtres". Ce lieu, à la fois fascinant et dérangeant, attire de nombreux visiteurs curieux de confronter leur propre mortalité.

*La Chapelle des Os d'Évora abrite les ossements de plus de **5 000 personnes** ! Ces crânes et ossements proviennent de cimetières locaux qui étaient surchargés à l'époque où la chapelle fut construite.*

Fait n°13

Un coup de marteaux ?

La **Festa de São João do Porto**, célébrée dans la nuit du 23 juin, est sans doute l'une des fêtes les plus insolites et joyeuses du Portugal. Chaque année, des milliers de participants envahissent les rues de Porto, armés de **marteaux en plastique**. Mais ne vous inquiétez pas : loin d'être une émeute, il s'agit d'un rituel bon enfant où les gens s'échangent des coups légers avec ces marteaux colorés tout en riant et en dansant.

Cette tradition curieuse remonte aux années 1960, lorsque les marteaux ont remplacé les poireaux parfumés, autrefois utilisés pour bénir (ou taquiner) les passants. La fête est aussi marquée par des feux d'artifice spectaculaires au-dessus du fleuve Douro, des barbecues improvisés de sardines grillées, et une ambiance électrique qui dure jusqu'à l'aube. Cette nuit-là, Porto se transforme en une gigantesque scène de carnaval où tout le monde est invité à s'amuser.

Fait n°14

Un art martial portugais

Le **Jogo do Pau** est un art martial portugais traditionnel où les pratiquants utilisent un bâton pour se défendre. Cet art, qui remonte à plusieurs siècles, était particulièrement prisé par les paysans qui ne pouvaient s'offrir une épée.

Les techniques du Jogo do Pau ont été utilisées dans de nombreuses batailles historiques et **continuent d'être enseignées aujourd'hui**, mêlant traditions guerrières et sport moderne.

Fait n°15

Le musée des allumettes

À Tomar, le Portugal abrite un musée insolite dédié aux **allumettes**. Ce lieu regroupe plus de **40 000 boîtes d'allumettes** provenant de tous les coins du monde, exposées dans un cadre unique.

Ce musée, bien que modeste, fascine les visiteurs avec ses collections variées et l'histoire qu'il raconte à travers ces objets du quotidien.

Fait n°16

Le mystère du palais de Regaleira

À Sintra, le **Palais de la Regaleira** est un lieu chargé de mystères. Construit par un magnat excentrique au XXe siècle, ce domaine regorge de références ésotériques, avec des tunnels secrets, un puits initiatique en spirale, et des symboles liés à la franc-maçonnerie et aux templiers.

Le magnat excentrique à l'origine du Palais de la Regaleira est António Augusto Carvalho Monteiro, surnommé "Monteiro dos Milhões" en raison de sa fortune colossale, principalement acquise grâce au commerce de café et à un héritage familial.

Carvalho Monteiro était un homme fascinant, passionné par l'ésotérisme, la philosophie, les sciences occultes et les symboles religieux. Il voulait que le Palais de la Regaleira soit bien plus qu'une demeure : il le voyait comme un sanctuaire spirituel et symbolique. Carvalho Monteiro a collaboré avec l'architecte italien **Luigi Manini** *pour donner vie à ce projet ambitieux, faisant de la Regaleira un lieu où l'architecture, la nature et le mysticisme s'entrelacent*

Fait n°17

Le diable est là...

Chaque année, dans la ville de Valongo, se tient un festival unique où **des hommes costumés en diables** défilent dans les rues, brandissant des torches et crachant des flammes. Ce spectacle, inspiré de **traditions païennes**, est une célébration spectaculaire et enflammée qui attire des milliers de spectateurs.

Fait n°18

Une langue d'influence

Le **portugais**, en tant que langue de navigateurs et de commerçants, a laissé une empreinte durable dans de nombreuses langues à travers le monde, y compris des idiomes éloignés comme le **japonais**.

Ce phénomène remonte au XVIe siècle, lorsque les explorateurs portugais furent parmi les premiers Européens à établir des contacts avec le Japon.

De nombreux termes portugais se sont intégrés au japonais, par exemple :

- **Pan** (パン), qui signifie "pain", vient du mot portugais "pão".

- **Botan** (ボタン), pour "bouton", a été adapté du mot "botão".

- **Kappa** (カッパ), qui désigne une cape de pluie, provient du mot portugais "capa".

Fait n°19

Le trésor caché des Templiers

Dans le couvent du Christ à **Tomar**, ancien quartier général des Templiers portugais, la légende raconte qu'un trésor inestimable serait encore caché quelque part dans ses murs épais.

Bien que jamais découvert, **ce mystère continue de fasciner** les amateurs d'histoire et de mystères…

Géographie

Fait n°20

Attaque surprise !

Ne vous laissez pas berner par son nom poétique ! La galère portugaise (*Physalia physalis*), une méduse qui cache un venin puissant. Bien que **rarement mortel pour l'homme**, ses piqûres provoquent une douleur si vive qu'on pourrait croire qu'un sous-marin ennemi vous a attaqué !

Et si elle se sent menacée ? Elle dégonfle son flotteur et plonge sous l'eau, prête à disparaître comme **un véritable espion des océans**. En cas de piqûre, n'oubliez pas le protocole de survie : sel, eau chaude, puis de la glace. Courage !

Dans environ 10 % des cas, des symptômes plus graves peuvent survenir, tels que perte de connaissance, gêne respiratoire, douleurs abdominales ou thoraciques, vomissements, tachycardie, hypertension artérielle ou crampes musculaires. En cas de piqûre, il est recommandé de rincer la zone affectée avec de l'eau de mer (éviter l'eau douce), d'appliquer de la chaleur (comme de l'eau chaude) pour neutraliser le venin, puis de refroidir avec de la glace pour soulager la douleur.

Fait n°21

La première mondialisation

Au XIXe siècle, bien avant que le mot "mondialisation" ne devienne à la mode, le Portugal jouait déjà les pionniers grâce au commerce du porto. **David Ricardo, économiste visionnaire,** remarqua que le Portugal excellait dans la production de vin, alors que l'Angleterre maîtrisait mieux la fabrication de tissus.

Bien que produire les deux localement soit techniquement possible, les deux nations comprirent qu'il était plus rentable d'échanger leurs spécialités. Ainsi, le Portugal augmenta sa production de porto pour le négocier contre des étoffes anglaises. Une alliance commerciale gagnant-gagnant, et un exemple parfait de ce qu'on appelle aujourd'hui **"l'avantage comparatif"**. Cheers, ou plutôt... *Saúde* !

Fait n°22

Le désert sous-marin

Sous les eaux bleues de l'Atlantique, au large des Açores, se cache un véritable Sahara sous-marin. Ce désert océanique, baptisé la **plaine abyssale des Açores**, s'étend sur des centaines de kilomètres à une profondeur vertigineuse de 4 000 mètres.

Mais ce qui rend cette région unique, ce sont les **cheminées hydrothermales** qui y jaillissent, expulsant de l'eau à des températures atteignant 400 °C ! Ces oasis sous-marines abritent une faune étrange et méconnue : des crevettes aveugles, des vers tubulaires géants et des bactéries capables de survivre dans des conditions extrêmes. C'est ici que des scientifiques pensent pouvoir trouver des indices sur les origines de la vie sur Terre, voire sur d'autres planètes.

Fait n°23

Le volcan oublié...

Sur l'île de Faial, dans les Açores, le **Capelinhos** est un volcan qui a émergé de la mer en **1957**, lors de l'une des dernières grandes éruptions volcaniques d'Europe. Ce paysage lunaire, composé de cendres volcaniques et de formations rocheuses étranges, offre une vue spectaculaire sur l'océan Atlantique.

Ce qui est fascinant ? La population locale a transformé cet événement destructeur en une opportunité. Aujourd'hui, un musée volcanologique se trouve au pied du volcan, racontant son histoire et celle des forces titanesques qui façonnent notre planète.

Fait n°24

Le rocher qui défie l'Atlantique

À **Peniche**, sur la côte ouest, se trouve un imposant monolithe connu sous le nom de "**Nau dos Corvos**" (le navire des corbeaux). Cette formation rocheuse, battue par les vagues, ressemble à un navire pétrifié en pleine mer.

La légende raconte qu'un capitaine arrogant, défiant les dieux, aurait vu son navire transformé en pierre comme punition. Aujourd'hui, ce site est un paradis pour les photographes et les amoureux de la nature sauvage. Il symbolise aussi la puissance indomptable de l'océan Atlantique.

Le Pont du 25 Avril, à Lisbonne, mesure 2 277 mètres de long, avec une travée principale de 1 013 mètres, ce qui en faisait la plus longue travée suspendue d'Europe continentale lors de son inauguration en 1966. Aujourd'hui, il figure parmi les 50 plus longs ponts suspendus au monde et est conçu pour résister aux séismes, reflétant la sismicité de la région. Avec une hauteur libre de 70 mètres, il permet le passage de grands navires sous son tablier !

Fait n°25

Le pont qui change de nom

Le **célèbre pont suspendu de Lisbonne**, inauguré en 1966, portait initialement le nom de "Pont Salazar", en l'honneur du dictateur portugais de l'époque.

Après la **Révolution des Œillets** en 1974, il fut rebaptisé "Pont du 25 Avril" pour commémorer cette date historique de la libération du pays.

Fait n°26

Le lac qui chante

Le **Lac Azul**, dans l'île de São Miguel aux Açores, est bien plus qu'un simple miroir d'eau. Les habitants racontent qu'il chante ! Lorsque le vent souffle à travers les vallées environnantes, un étrange son mélodieux s'élève du lac.

Ce phénomène acoustique est dû à la géographie unique du lieu, mais il a nourri d'innombrables légendes locales.

Certains disent qu'il s'agit des chants de sirènes oubliées, d'autres croient que c'est l'écho des âmes des anciens habitants…

Fait n°27

La mystérieuse "Femme aux Fées" de Sintra

Sintra, connue pour ses palais enchanteurs et ses paysages de contes de fées, cache aussi une légende sombre : celle de la **Femme aux Fées**. Selon la tradition locale, une jeune femme qui vivait dans la région au XVIIIe siècle était réputée pour sa beauté et son lien étrange avec des forces surnaturelles.

On disait qu'elle communiquait avec des fées et des esprits qui lui révélaient l'avenir. Des récits rapportent qu'elle aurait prédit plusieurs événements tragiques, notamment des incendies et des morts mystérieuses, ce qui effraya la population. La femme fut finalement accusée de sorcellerie et bannie.

Aujourd'hui, cette légende alimente l'atmosphère mystérieuse de Sintra, attirant des visiteurs fascinés par ses récits. La région est aussi réputée pour ses "énergies magiques", qui continuent d'attirer les amateurs de spiritualité et les chasseurs de mystères.

Fait n°28

Un désert au milieu de l'Atlantique

Les Açores ne sont pas seulement verdoyantes : sur l'île de **Santa Maria**, vous trouverez une étrange **zone désertique**, surnommée le "désert rouge". Ce paysage aride, formé par une ancienne activité volcanique, contraste fortement avec les prairies verdoyantes et les forêts des autres îles. Ce petit désert, unique en son genre dans l'archipel, est souvent comparé aux paysages de Mars et attire les curieux du monde entier.

Fait n°29

Les vagues géantes de Nazaré

La petite ville côtière de Nazaré est **célèbre pour ses vagues gigantesques**, parmi les plus hautes du monde, atteignant parfois plus de 30 mètres. Ce phénomène est dû au "canyon de Nazaré", une faille sous-marine qui amplifie la taille des vagues.

Chaque année, des surfeurs du monde entier viennent défier ces monstres marins, mettant leur vie en danger pour une montée d'adrénaline inégalée. Malgré les mesures de sécurité, plusieurs accidents mortels ont eu lieu…

*Les vagues de Nazaré, parmi les plus hautes du monde, atteignent des hauteurs vertigineuses de **30 mètres**, soit l'équivalent d'un **immeuble de 10 étages**. Imaginez-vous face à ce mur d'eau déferlant avec une puissance colossale. Pour mieux saisir cette force incroyable, la masse d'eau projetée par une vague de 30 mètres représente le poids de près de **20 éléphants adultes** !*

Fait n°30

Le royaume des moulins

Oubliez les Pays-Bas ! Le Portugal est en réalité le pays européen qui abrite le plus grand nombre de **moulins encore en activité**. Ces structures pittoresques, qu'elles soient à vent ou à eau, jouent un rôle essentiel dans les campagnes portugaises.

Non seulement elles servent à moudre le blé pour fabriquer des pains rustiques, mais elles contribuent aussi à l'irrigation des jardins et des champs. Mais ce qui rend les moulins portugais vraiment uniques, ce sont leurs **voiles triangulaires**, souvent ornées de **petites poteries suspendues**, qui dansent au gré du vent.

Fait n°31

Le cimetière des… ancres

Sur l'île de **Tavira,** en Algarve, se trouve un lieu insolite appelé le **Cemitério das Âncoras**.

Il s'agit d'une plage où des centaines d'ancres rouillées sont alignées sur le sable, en hommage à la tradition de la pêche au thon, autrefois florissante dans la région. Ce site, à la fois poétique et mélancolique, offre un spectacle unique au monde.

Fait n°32

Un peu plus à l'ouest

Le **Cabo da Roca**, situé près de Sintra, est bien plus qu'un simple point géographique : c'est un lieu où le continent européen semble plonger dans l'immensité de l'Atlantique. Avec ses falaises abruptes culminant à près de **140 mètres au-dessus de l'océan**, le cap offre une vue à couper le souffle qui a inspiré poètes et aventuriers au fil des siècles.

Un poème de Luís de Camões, gravé sur un monument, décrit ce lieu comme "le point où la terre finit et où la mer commence". Les visiteurs viennent ici non seulement pour les panoramas spectaculaires, mais aussi pour ressentir la puissance brute de la nature. Le phare historique qui trône sur ces falaises, datant de 1772, est encore en activité, guidant les navires dans ces eaux sauvages.

Fait n°33

La terre de dinosaures

Le Portugal est un véritable paradis pour les paléontologues ! Sur la plage de Pedreira do Avelino, près de Setúbal, on peut voir des empreintes fossilisées de dinosaures datant de **plus de 150 millions d'années**, témoins d'une époque où des créatures gigantesques parcouraient ces terres.

Fait n°34

Le trésor caché des Templiers

Dans le couvent du Christ à **Tomar**, ancien quartier général des Templiers portugais, la légende raconte qu'un trésor inestimable serait encore caché quelque part dans ses murs épais. Bien que jamais découvert, ce mystère continue de fasciner **les amateurs d'histoire et de mystères.**

HISTOIRE

Fait n°35

1755 et le méga tsunami

Le 1er novembre 1755, Lisbonne vécut l'une des catastrophes les plus dévastatrices de son histoire. Alors que les églises étaient pleines pour la Toussaint, un tremblement de terre colossale fit s'effondrer les structures, enterrant des milliers de fidèles sous les débris. Mais ce n'était que le début… Ceux qui avaient échappé au chaos se rassemblèrent sur les esplanades du bord de mer, horrifiés de voir l'océan se retirer à l'horizon. Puis, quarante minutes plus tard, la mer revint en furie sous la forme de trois tsunamis successifs, engloutissant tout sur leur passage.

Résultat : 85 % de la ville fut détruite. Ailleurs, des vagues de 20 mètres atteignirent les Antilles, tandis qu'une vague de 3 mètres effleura la Cornouailles et endommagea les murs de Galway, en Irlande. Un désastre naturel qui a marqué l'Europe entière et donné naissance à la sismologie moderne.

Fait n°36

Le roi aux 20 minutes de règne

Le record du règne le plus court revient à Louis II du Portugal. Couronné en 1908, son règne n'a duré que… 20 minutes ! Victime d'un attentat qui coûta également la vie à son père, il succomba peu après à une blessure à la tête.

Sa mère, la reine Amélia, survécut cependant à l'attaque et riposta avec courage : elle frappa les assassins à coups de bouquet de fleurs. Une histoire digne des pages les plus dramatiques de l'Histoire.

L'attentat, connu sous le nom de l'Attentat de la Place du Commerce, s'est déroulé en plein jour, devant une foule stupéfaite à Lisbonne. Le roi Charles Ier et son fils aîné, le prince héritier Louis-Philippe, se trouvaient dans une calèche décapotable, ce qui les rendait particulièrement vulnérables. Les assaillants, armés de fusils et de pistolets, profitèrent de l'absence de protection pour tirer à bout portant…

Fait n°37

Rio gouverne le Portugal

De 1808 à 1821, le Portugal fut gouverné... depuis sa colonie au Brésil !

En fuyant les troupes napoléoniennes, la famille royale transféra la capitale à Rio de Janeiro, faisant du Portugal le seul pays européen à avoir été dirigé depuis ses colonies. Une situation renversante, dans tous les sens du terme.

Fait n°38

Une amitié de longue date !

Signé en 1386, le traité de Windsor entre le Portugal et la Grande-Bretagne est l'alliance diplomatique la plus ancienne encore en vigueur.

Pendant la Seconde Guerre mondiale, cette alliance permit à Winston Churchill d'utiliser les bases stratégiques des Açores, malgré la neutralité officielle du Portugal. Ces bases furent décisives dans la bataille de l'Atlantique, contribuant à sécuriser les routes maritimes entre l'Amérique et l'Europe. Une relation indéfectible qui persiste encore aujourd'hui.

Fait n°39

Lisbonne, plus ancienne que Rome

Lisbonne, la capitale portugaise, est **l'une des plus anciennes villes d'Europe,** précédant même Rome de plusieurs siècles !

Fondée vers 1200 av. J.-C. **par les Phéniciens,** Lisbonne était connue sous le nom d'"Alis-Ubbo", ce qui signifie "port sûr".

Les traces de cette histoire millénaire se retrouvent dans les ruelles labyrinthiques de l'Alfama, le plus ancien quartier de la ville, où les pavés, les arches et les ruines parlent d'un passé riche et mouvementé. C'est une ville qui a vu passer les Phéniciens, les Romains, les Wisigoths, les Maures et, bien sûr, les explorateurs portugais.

Fait n°40

La chanson qui rend dépressif...

Le fado, c'est Lisbonne mise en musique, l'expression d'une mélancolie poétique qu'on appelle *saudade*. Ce genre musical, aussi émouvant que profond, traduit un mélange de nostalgie et de désir inassouvi.

Il fut interdit en 1924 par la révolution socialiste ! Accusé de semer "l'apathie et le fatalisme", il a su traverser les époques pour devenir un pilier de la culture portugaise. Aujourd'hui, il résonne dans les ruelles historiques de la capitale, enchantant touristes et locaux avec ses notes intemporelles.

Le Portugal produit environ **3 millions de tonnes d'azulejos** ! Cette production massive reflète l'importance culturelle et architecturale des azulejos dans le pays, où ils ornent une multitude de structures, des églises aux maisons traditionnelles. L'industrialisation au XIXe siècle a permis une production en série, rendant ces carreaux accessibles à un public plus large.

Fait n°41

Azulejos, la faïence qui illumine le Portugal

Le Portugal possède une véritable signature visuelle que l'on ne trouve nulle part ailleurs en Europe : ses *azulejos*. Ces petits carreaux de céramique bleu et blanc, omniprésents dans le pays, ornent tout, des églises majestueuses aux palais somptueux, sans oublier les maisons de village, les gares et même les usines. Dérivé de l'arabe *"al-zuleij"*, signifiant "petite pierre polie", l'azulejo a été introduit au Portugal via l'Andalousie. À l'origine, ces carreaux étaient utilisés pour leur praticité : ils aidaient à conserver la fraîcheur des murs et plafonds, un véritable atout sous le climat chaud et ensoleillé du Portugal. Mais au fil des siècles, l'azulejo a évolué bien au-delà de son rôle fonctionnel. Il est devenu une véritable œuvre d'art, racontant des histoires, des mythes et des scènes de vie quotidienne avec une élégance incomparable.

Fait n°42

L'homme qui "éteignit" un empire

En 1999, une simple cérémonie au Macao marqua la fin de 442 ans de domination portugaise en Asie. Macao, ce minuscule territoire situé à quelques encablures de Hong Kong, était la dernière colonie européenne en Asie. Lors de la cérémonie, un général portugais, refusant d'utiliser son épée pour abaisser le drapeau, opta pour un geste poignant : il éteignit simplement la lumière du mât avant de se retirer.

Cet acte symbolique, empreint de dignité, marqua la fin d'un chapitre de l'histoire mondiale. Aujourd'hui, Macao est un territoire chinois, mais son patrimoine architectural et culturel témoigne encore des siècles de présence portugaise.

Fait n°43

Le faux roi !

Au XVIe siècle, le Portugal fut le théâtre d'une histoire digne des plus grands romans d'espionnage. Après la mort mystérieuse de Dom Sebastião en 1578, un homme prétendant être le roi disparu refit surface à Venise. Ce personnage, surnommé "**le Faux Sébastien**", attira un grand nombre de partisans convaincus qu'il était le roi légitime.

Malgré son exécution, ce mythe persista, donnant naissance au **sebastianisme**, une croyance selon laquelle le roi reviendrait un jour pour sauver le Portugal. Cette légende alimente encore aujourd'hui l'imaginaire collectif du pays.

Fait n°44

Un trésor englouti

En 2018, des archéologues ont découvert un incroyable trésor dans les eaux du Tage, près de Cascais : une **épave portugaise du XVIe siècle**, surnommée le "Titanic des découvertes".

Ce navire, chargé de porcelaines chinoises, de poivre indien et de canons en bronze ornés de l'emblème portugais, avait sombré alors qu'il revenait des Indes. Cette découverte, considérée comme l'une des plus importantes de ces dernières décennies, offre un aperçu fascinant de l'âge d'or des explorations portugaises et de leur domination sur les routes maritimes.

Fait n°45

Abolition, réellement ?

En 1761, le Portugal prit une décision avant-gardiste pour l'époque en abolissant l'esclavage sur son territoire continental. Cette mesure, promulguée sous le règne éclairé du **marquis de Pombal**, reflète une avancée significative dans la reconnaissance des droits humains.

Le marquis de Pombal, réformateur célèbre et figure centrale de la reconstruction de Lisbonne après le tremblement de terre de 1755, voyait dans l'abolition de l'esclavage une opportunité de moderniser la société portugaise. Ce décret ne s'appliquait toutefois qu'au territoire métropolitain : l'esclavage perdurait dans les colonies portugaises, notamment au Brésil et en Afrique, jusqu'en 1869…

Malgré cela, le geste de 1761 reste emblématique : il devançait de plusieurs décennies des nations comme la France (abolition en 1794, rétablie en 1802, puis définitivement abolie en 1848) et les États-Unis (abolition en 1865).

Toutefois, il ne faut pas oublier que le Portugal était le plus gros des acteurs du commerce transatlantique des esclaves. En effet, on estime que **près de 6 millions de personnes** ont été déportées d'Afrique vers les Amériques sur des navires portugais, un chiffre qui représente environ 40 % de la traite négrière transatlantique !

Les conditions à bord des navires négriers portugais étaient d'une cruauté inimaginable. Les esclaves étaient entassés dans des cales étroites, sans aération, avec à peine de quoi bouger… **Environ 15 % des captifs mouraient durant le voyage**, victimes de maladies, de malnutrition, ou tout simplement de mauvais traitements. Cela représente près de **1 million de morts** avant même d'arriver sur les terres où ils seraient vendus comme marchandises…

Fait n°46

Le plus ancien pays d'Europe

Fondé en **1139**, lorsqu'Afonso Henriques se déclara roi après avoir remporté la bataille d'Ourique, le Portugal est le plus ancien État-nation d'Europe à avoir conservé ses frontières actuelles !

Alors que de nombreux pays européens ont vu leurs frontières redessinées par des guerres, des traités ou des unions dynastiques, le Portugal a maintenu une stabilité territoriale remarquable. Cette particularité est en partie due au **traité d'Alcanices** signé en 1297 avec le royaume de Castille, fixant définitivement les limites entre les deux pays. Ce traité, toujours respecté, est l'un des plus anciens accords frontaliers encore en vigueur dans le monde !

Fait n°47

Le roi qui dormait avec… un cadavre

Le Portugal a connu l'une des histoires d'amour les plus morbides de l'histoire : celle du roi Pierre Ier et d'Inês de Castro. Lorsque Pierre devint roi en 1357, il ordonna que le corps de sa bien-aimée Inês, assassinée des années auparavant, soit **exhumé** et couronné reine posthume.

Les nobles furent contraints de **baiser la main du cadavre** en signe d'allégeance. Pierre fit également construire deux tombeaux somptueux à Alcobaça, positionnés de manière à ce que les amants soient face à face pour l'éternité. Cette histoire, bien que romantique, est à la fois glaçante et fascinante, rappelant l'obsession du roi pour son amour perdu.

Fait n°48

Le massacre de Lisbonne

En avril 1506, une épidémie de peste ravage Lisbonne. Cherchant un bouc émissaire, la population se retourne contre les "nouveaux chrétiens" (juifs convertis), les accusant de profaner des symboles religieux.

Une violente émeute éclate, et en l'espace de 3 jours, environ 2 000 personnes sont massacrées dans les rues de la ville… Cet épisode sombre de l'histoire portugaise est un rappel brutal des dangers de l'intolérance religieuse et de la manipulation des foules.

Fait n°49

La chasse aux... sorcières

Au XVIIe siècle, l'Inquisition portugaise, active dans tout le pays, fut particulièrement brutale dans la région de l'Alentejo. Les femmes accusées de sorcellerie étaient **arrêtées, torturées, et souvent brûlées** sur des bûchers dans des places publiques.

Une affaire célèbre est celle de **Maria da Cruz**, une guérisseuse accusée d'avoir invoqué des démons pour guérir des maladies.

Bien que ses "crimes" ne reposent que sur des superstitions locales, elle fut emprisonnée et torturée pendant des semaines avant d'être exécutée... Ces chasses aux sorcières, moins connues que celles menées ailleurs en Europe, témoignent d'un chapitre sombre du Portugal.

Fait n°50

Le complot sanglant de 1640

Le 1er décembre 1640, le Portugal renversa 60 ans de domination espagnole lors d'une révolution brutale. Un groupe de nobles portugais, mécontents de la présence espagnole, planifia un coup d'État qui culmina par l'assassinat du secrétaire espagnol **Miguel de Vasconcelos**, considéré comme le traître du pays.

Lors de l'attaque, Vasconcelos tenta de se cacher dans une armoire, mais il fut découvert, traîné hors de sa cachette et **jeté par une fenêtre du palais**, son corps ensanglanté tombant devant une foule en liesse. Cet événement, connu sous le nom de la "Restauration", marqua le début de la fin de la domination espagnole et la restauration de la monarchie portugaise sous le roi João IV.

Fait n°51

Le tueur en série conservé

Diogo Alves, connu comme l'un des premiers tueurs en série portugais, a semé la terreur au XIXe siècle. Il aurait assassiné plus de **70 personnes**, principalement des fermiers qu'il poussait d'un aqueduc après les avoir volés.

Après son arrestation et son exécution, les autorités ont conservé **sa tête dans du formol** pour tenter de comprendre les mécanismes d'un esprit criminel. Cette relique macabre est encore visible aujourd'hui à la faculté de médecine de Lisbonne.

*Bien plus qu'un simple voleur, Diogo Alves s'est révélé être l'un des criminels les plus brutaux de l'histoire du Portugal. Entre 1836 et 1840, « son terrain de chasse » principal était l'**Aqueduc des Eaux Libres** de Lisbonne. Là, il n'hésitait pas à pousser ses victimes, souvent de modestes fermiers ou marchands, dans le vide après les avoir dépouillés de leurs maigres économies. Mais son modus operandi ne se limitait pas à la simple chute fatale… Alves aurait parfois **sévèrement battu ou mutilé ses victimes** avant de les jeter dans le vide, afin de s'assurer qu'elles ne survivent pas à leur chute…*

Nature

Fait n°52

Le mystérieux lac à 2 couleurs

Sur l'île de São Miguel, le lac Sete Cidades est un véritable mystère de la nature....

Ce cratère volcanique abrite 2 lacs jumeaux : l'un bleu comme le ciel, l'autre vert comme les prairies environnantes. La légende raconte qu'une princesse et un berger, amoureux mais séparés par leur destin, pleurèrent si fort lors de leurs adieux que leurs larmes formèrent ces deux lacs, reflétant la couleur de leurs yeux !

Mais au-delà de la légende, le phénomène s'explique scientifiquement : la différence de profondeur et la végétation sous-marine créent cet effet saisissant. Un spectacle à couper le souffle, où la science et la magie s'entrelacent.

Fait n°53

Le dragon caché de Monsanto

Le village médiéval de Monsanto, perché sur une colline, est célèbre pour ses maisons encastrées dans d'énormes rochers. Mais le secret le plus fascinant se cache dans une grotte locale, connue sous le nom de "Laje Grande"…

Lorsqu'on frappe sur certaines pierres de la grotte, elles résonnent comme des tambours !

Ces pierres chantantes, surnommées "les pierres du dragon", ont intrigué les habitants et les visiteurs pendant des siècles. Certains pensent qu'elles servaient lors de rituels anciens pour communiquer avec les esprits ou les dieux. Vrai ou non, la grotte de Monsanto est un endroit chargé de mystère !

Fait n°54

Batman sauve des livres

Imaginez une bibliothèque baroque du XVIIIe siècle, regorgeant de manuscrits anciens, protégée... par des chauves-souris ! À Coimbra, dans la prestigieuse bibliothèque Joanina, ces petits gardiens nocturnes jouent un rôle clé.

Chaque soir, elles s'envolent pour dévorer les insectes qui menacent les ouvrages précieux. Et pour éviter tout désagrément, leurs traces sont nettoyées chaque matin par les employés. Cette alliance inattendue entre l'homme et la nature permet de préserver ce trésor culturel sans recours à des produits chimiques. Étonnant, non ? Un système vieux de plusieurs siècles, toujours efficace et respectueux de l'environnement.

Fait n°55

Le cimetière des baleines

Les Açores, véritables joyaux de l'Atlantique, abritent l'un des lieux les plus étranges et émouvants de la planète : un **cimetière sous-marin de baleines**. Dans certaines zones au large des îles, les carcasses de cétacés s'accumulent sur les fonds marins, créant un écosystème unique où prospèrent des espèces rarement observées ailleurs.

Ces ossements gigantesques sont dévorés par des bactéries spécialisées et attirent des créatures abyssales fascinantes. Ce spectacle macabre, bien que naturel, illustre la majesté et la fragilité de ces géants des océans.

Lorsque les baleines meurent, leurs carcasses s'enfoncent lentement dans l'obscurité des abysses, formant ce qu'on appelle des **« chutes de baleines »**. *Des bactéries spécialisées, connues sous le nom d'osédax ou* **« vers zombies »,** *décomposent les os, libérant des nutriments essentiels. Ces vers, dépourvus de bouche, dissolvent littéralement les os grâce à des enzymes, un processus qui peut durer des décennies.*

Fait n°56

La forêt… cachée

Dans la région de Figueira da Foz, le Portugal cache une relique géologique exceptionnelle : une **forêt fossile datant de plus de 200 millions d'années**, enfouie sous les sables côtiers. Ce site, découvert par hasard lors de travaux, révèle des troncs d'arbres pétrifiés qui témoignent d'un temps où les dinosaures foulaient cette terre.

Les scientifiques ont identifié que ces arbres appartenaient à **une époque où le climat du Portugal était tropical**, radicalement différent de ce qu'il est aujourd'hui. Bien que méconnue, cette forêt fossile est une fenêtre fascinante sur les premiers âges de la planète.

Fait n°57

Le chien d'eau

Le **chien d'eau portugais**, ou "cão de água português", est bien plus qu'un simple compagnon à quatre pattes : c'est une race profondément enracinée dans l'histoire du Portugal. Originaire de l'Algarve, ce chien robuste et intelligent était indispensable pour les pêcheurs portugais.

Capable de plonger et de nager avec une agilité extraordinaire, il aidait à récupérer les filets, à rapporter les poissons échappés et même à transmettre des messages entre bateaux, souvent dans des conditions maritimes difficiles. Son pelage unique, imperméable, le rendait parfaitement adapté à cette vie aquatique exigeante.

Aujourd'hui, sa notoriété a même traversé les océans, atteignant son apogée lorsque l'un d'eux, "Bo", est devenu le chien de compagnie de la famille Obama à la Maison-Blanche.

*Au XXᵉ siècle, avec la modernisation de l'industrie de la pêche, le rôle traditionnel du chien d'eau portugais disparut presque complètement. Dans les années 1930, la race était **au bord de l'extinction**, avec moins de 50 individus recensés dans tout le pays ! C'est grâce aux efforts du docteur Vasco Bensaude, un riche éleveur portugais passionné, que la race fut sauvée. Aujourd'hui, bien qu'elle reste rare, elle connaît un regain de popularité. Ouf !*

Fait n°58

Le loup est là !

Le **loup ibérique** est bien plus qu'un simple animal pour le Portugal : il est un symbole vivant des défis environnementaux et de la résilience. Cette sous-espèce du loup gris, que l'on trouve principalement dans le nord du pays, est adaptée aux paysages montagneux et forestiers du Portugal.

Longtemps persécuté en raison des conflits avec les éleveurs, le loup ibérique a vu sa population drastiquement diminuer au XXe siècle, au point de frôler l'extinction...

Pourtant, dans les années 1980, le gouvernement portugais, en collaboration avec des organisations de conservation, a décidé de renverser cette tendance. Des **réserves naturelles** ont été créées pour protéger son habitat. Malgré ces efforts, il reste une espèce vulnérable, menacée par la perte de son habitat et le braconnage...

Fait n°59

L'île fantôme...

Parmi les neuf îles des Açores, une légende raconte l'existence d'une dixième île, appelée **Antilia**, ou "l'île des Sept Cités". Cette terre fantomatique aurait été aperçue par des navigateurs, mais disparaît mystérieusement à chaque tentative de s'en approcher.

Certains disent qu'il s'agit d'une île engloutie par un tremblement de terre, tandis que d'autres la relient à l'Atlantide. Plus récemment, des scientifiques ont découvert des formations sous-marines dans la région, relançant les débats sur l'existence de cette île mystérieuse. Antilia reste un mystère maritime captivant.

Fait n°60

Un site de plongée unique

Au large de l'Algarve se trouve une merveille cachée : le Parc sous-marin Underwater Revival, le **plus grand site artificiel de plongée au monde**. Créé en 2012, ce parc est constitué de 4 anciens navires de guerre délibérément coulés pour former un récif artificiel. Ces épaves reposent maintenant sur le fond marin, transformées en un habitat dynamique pour une multitude d'espèces marines.

Les plongeurs y découvrent une biodiversité incroyable : des bancs de poissons colorés, des poulpes, des raies, et même des coraux qui commencent à coloniser les structures métalliques.

L'expérience est à la fois envoûtante et éducative, car le parc a été conçu non seulement pour les amateurs de plongée, mais aussi pour sensibiliser à la conservation marine. Pour ceux qui rêvent d'une **aventure sous-marine inoubliable**, ce site est une destination incontournable.

Fait n°61

La côte magnétique de Braga

Près du sanctuaire du Bon Jésus de Braga se trouve une **illusion d'optique fascinante** : une pente qui semble descendre, mais où les voitures, mises au point mort, semblent reculer à contre-sens.

Ce phénomène, connu comme une "côte magnétique", est dû à une inclinaison visuelle trompeuse, mais il continue d'intriguer les visiteurs.

Fait n°62

Le chant mystérieux...

Dans l'archipel des Açores, l'île de **São Jorge** est connue pour produire des sons étranges, semblables à des sifflements, causés par les vents qui s'engouffrent dans les fissures volcaniques.

Ce phénomène naturel a inspiré des légendes locales où les habitants attribuent ces "chants" aux **esprits des anciens navigateurs perdus en mer.**

Fait n°63

La grotte magique de Benagil

La grotte marine de **Benagil**, en Algarve, est un joyau naturel que seuls les bateaux ou les kayaks peuvent atteindre. Avec son ouverture circulaire laissant passer la lumière du soleil, elle ressemble à une cathédrale naturelle, attirant des visiteurs du monde entier.

Avec l'afflux massif de touristes, des accidents sont régulièrement signalés. En 2019, un groupe de visiteurs a failli se noyer lorsque des vagues soudaines ont frappé leurs kayaks. Heureusement, les sauveteurs locaux, habitués à ces incidents, ont évité un drame !

Fait n°64

Le sanctuaire des dauphins

Dans l'estuaire du Sado, près de Setúbal, vit une population résidente de **dauphins Tursiops**, une rareté en Europe.

Ces créatures majestueuses peuvent être observées lors de croisières écotouristiques, et leur proximité avec les humains a donné naissance à de nombreuses histoires locales sur leur intelligence et leur nature joueuse.

Technologies et inventions

Fait n°65

De la bouteille… à l'espace

Dans les vastes forêts ensoleillées de l'Alentejo, un arbre se distingue par son utilité exceptionnelle : le chêne-liège. Ces géants, qui peuvent vivre jusqu'à 200 ans, offrent un trésor insoupçonné. Tous les 9 ans, leur écorce est délicatement prélevée à la main — sans que l'arbre ne soit abattu — pour produire 50 % du liège mondial. La plupart du liège servira à faire des bouchons pour les bouteilles de vin.

Plus fascinant encore, ce même matériau, léger et résistant, protège des satellites dans l'espace contre les températures extrêmes ! Une preuve éclatante que la nature et la technologie peuvent se rencontrer, grâce à l'ingéniosité humaine.

Fait n°66

Le Portugal, pionnier des passeports

Le premier passeport au monde, tel que nous le connaissons aujourd'hui, est né au Portugal ! Dès le XIVe siècle, alors que les explorateurs portugais parcouraient le globe, les autorités ont commencé à délivrer des documents appelés "cartas de seguro". Ces lettres garantissaient la sécurité de leurs porteurs lorsqu'ils voyageaient à travers des terres étrangères.

Au fil du temps, cette idée s'est répandue dans toute l'Europe, mais le Portugal reste le berceau de cet outil indispensable pour les voyageurs. Ironie du sort, aujourd'hui, ce petit pays d'Europe offre l'un des passeports les plus puissants au monde, ouvrant les portes de 191 pays à ses citoyens !

Fait n°67

Le dirigeable oublié

En 1709, bien avant que les frères Montgolfier ne marquent l'histoire de l'aviation, un jésuite portugais nommé **Bartolomeu de Gusmão** inventa l'un des premiers prototypes de dirigeable au monde. Surnommé "l'homme volant", il présenta son invention audacieuse devant le roi Jean V du Portugal, dans l'espoir de gagner son soutien royal.

Son dirigeable, conçu pour voler grâce à de l'air chauffé, aurait pu révolutionner les transports bien avant l'heure. Malheureusement, **l'Inquisition**, avec sa méfiance envers tout ce qui semblait défier les lois divines, lui interdit de poursuivre ses expériences. Pire encore, Bartolomeu fut persécuté, accusé de sorcellerie et contraint de fuir…

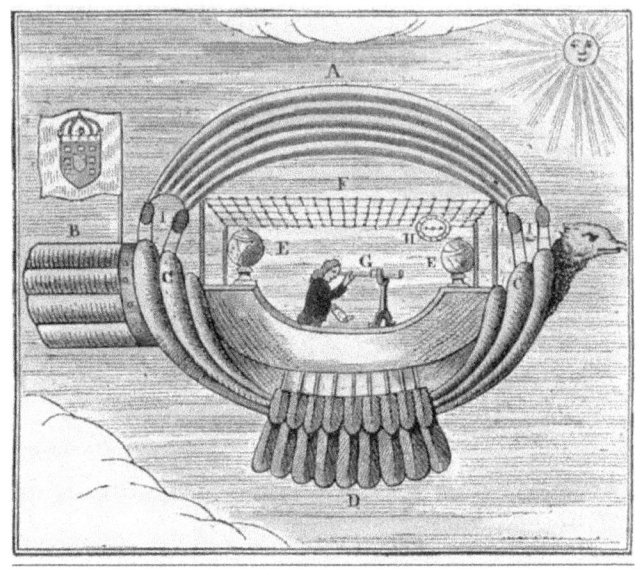

En 1709, Bartolomeu de Gusmão réalisa l'une des premières démonstrations de vol en ballon à air chaud devant la cour du roi Jean V de Portugal. Lors de sa première tentative le 3 août, le ballon prit feu avant de s'envoler. Cependant, une seconde démonstration réussie eut lieu le 8 août, où le ballon s'éleva à environ 4,5 mètres de hauteur. Malgré ce succès, Gusmão fit face à des accusations de sorcellerie, probablement en raison de la nature novatrice de ses expériences. Craignant l'Inquisition, il détruisit ses manuscrits et s'enfuit en Espagne, où il mourut en 1724 à l'âge de 38 ans…

Fait n°68

Quelle heure est-il ?

En 1884, lors de la conférence internationale sur les méridiens, c'est grâce à l'impulsion du Portugal que le système de **fuseaux horaires modernes** a été adopté. Les Portugais, ayant exploré les océans pendant des siècles, avaient perfectionné les calculs de longitude nécessaires à la navigation, faisant d'eux des experts incontournables en la matière.

Lisbonne, **bien qu'éclipsée par Greenwich**, a joué un rôle clé dans cette révolution temporelle, qui a permis de standardiser les horaires à travers le monde.

Fait n°69

Un monde cartographié par les Portugais

Au XVe siècle, alors que le monde restait largement inconnu, les Portugais ont révolutionné la cartographie grâce à une invention essentielle : le "planisphère de Cantino". Ce chef-d'œuvre cartographique de 1502 est la première carte connue à représenter les Amériques, l'Afrique et l'Asie avec une précision remarquable.

Créée par des cartographes portugais, cette carte secrète a été volée par un espion italien (Cantino) et envoyée à ses mécènes à Florence. Malgré cela, elle reste un témoignage de l'ingéniosité des Portugais et de leur rôle central dans la découverte du monde.

Fait n°70

Le Portugal, champion des énergies renouvelables

En 2020, le Portugal a marqué un tournant dans l'histoire énergétique : le pays a fonctionné pendant **quatre jours consécutifs uniquement grâce à des énergies renouvelables** !

Grâce à ses parcs éoliens, ses barrages hydrauliques et ses fermes solaires, le Portugal se positionne comme un leader mondial dans la transition écologique.

Mais ce n'est pas tout ! Le pays a récemment inauguré un parc éolien offshore flottant, une première en Europe, prouvant qu'il est à la pointe de l'innovation verte.

Fait n°71

Des poubelles intelligentes ?

Le Portugal est à la pointe des **villes intelligentes ("Smart Cities")**, et Lisbonne est un modèle en la matière. Grâce à une infrastructure connectée, la capitale offre des services novateurs :

- Des poubelles intelligentes qui envoient des alertes lorsqu'elles sont pleines.
- Des arrêts de bus équipés de panneaux solaires.
- Un système de gestion de la circulation basé sur l'intelligence artificielle.
- Etc…

Ces initiatives ont valu à Lisbonne le titre de "capitale verte européenne" en 2020. Chapeau l'artiste !

Fait n°72

Une merveille d'invention !

Le Funiculaire de Bom Jesus do Monte, à Braga, est une merveille d'ingénierie : **c'est le plus ancien funiculaire à contrepoids d'eau** encore en fonctionnement en Europe.

Construit en 1882, ce système ingénieux utilise simplement l'eau et la gravité pour propulser ses cabines. Non seulement écologique avant l'heure, ce funiculaire offre aussi une vue époustouflante sur les environs, tout en gravissant une colline où se dresse l'un des sanctuaires les plus impressionnants du Portugal.

Le fonctionnement du funiculaire :

- *Les deux cabines sont reliées par un câble. L'une descend pendant que l'autre monte.*
- *La cabine située en haut est remplie d'eau, augmentant son poids et lui permettant de descendre grâce à la gravité, tout en tirant la cabine inférieure vers le sommet.*
- *Une fois l'échange terminé, l'eau est vidangée et le cycle recommence !*

Fait n°73

Le vin sauvé par le Portugal

Le Portugal a joué un rôle crucial dans la préservation du vin mondial au XIXe siècle, lors de la crise du **phylloxéra**. Ce parasite dévastateur, qui détruisait les vignes en Europe, a épargné les vignobles portugais grâce à leurs sols sableux.

C'est **grâce aux racines de vignes portugaises** résistantes que les vignobles français, italiens et espagnols ont pu être greffés et sauvés. Ironiquement, le vin que nous buvons aujourd'hui doit beaucoup à ces terres lusitaniennes !

Fait n°74

Une peau révolutionnaire

Le Portugal est le leader mondial de la production de **cuir vegan en liège**, une alternative écologique et durable au cuir animal. Ce matériau, fabriqué à partir de l'écorce du chêne-liège, est non seulement biodégradable, mais aussi imperméable et incroyablement résistant.

Cette innovation a séduit les industries de la mode et de l'automobile, prouvant que le Portugal est à la pointe de la durabilité. **Des sacs à main aux intérieurs de voitures,** le cuir en liège est une preuve de l'ingéniosité portugaise.

Fait n°75

Bip, bip, bip

Le Portugal a laissé sa marque dans le domaine des télécommunications avec la création d'un **code Morse spécifique** pour les messages envoyés en mer. Dès la fin du XIXe siècle, alors que les navires portugais sillonnaient les océans, il devint essentiel de développer un moyen de communication efficace entre les navires et les ports.

Ce code, adapté pour inclure des signaux spécifiques aux terminologies maritimes, devint rapidement un modèle adopté par d'autres nations. Les Portugais jouèrent également un rôle clé dans la mise en place des **premiers réseaux de câbles télégraphiques sous-marins**, reliant les colonies portugaises en Afrique, en Asie et en Amérique du Sud.

Bien que le Morse ait été largement remplacé par des systèmes modernes, il reste une innovation majeure du XIXe siècle.

Fait n°76

Le sous-marin oublié

Peu de gens savent que l'un des premiers sous-marins au monde a été conçu par un Portugais, **Manuel António Gomes**, surnommé le "Padre Himalaya". Bien qu'il soit surtout connu pour ses inventions dans le domaine de l'énergie solaire, il développa également un prototype de sous-marin en 1907.

Malheureusement, ce projet visionnaire fut abandonné faute de financement, mais il préfigurait les innovations maritimes modernes. Aujourd'hui, des croquis de son invention sont conservés dans des archives, témoins de l'audace technologique du Portugal.

Le surnom de "Padre Himalaya" lui vient de son esprit aventureux et de son penchant pour les défis impossibles. Avant de concevoir ce sous-marin, il avait déjà marqué l'histoire en développant un **four solaire capable d'atteindre des températures supérieures à 3 000 °C**, une prouesse scientifique pour l'époque !

Fait n°77

Plus grand producteur européen de lithium

Peu de gens le savent, mais le Portugal est le **plus grand producteur de lithium** en Europe, un minerai essentiel pour les batteries des voitures électriques et des appareils électroniques.

Bien que sa production soit encore modeste par rapport à l'Australie ou au Chili, le pays joue un rôle clé dans la transition énergétique du continent.

Fait n°78

Un prix Nobel controversé

En 1949, le neurologue portugais António Egas Moniz a reçu le **Prix Nobel de médecine** pour ses travaux sur la lobotomie, une procédure chirurgicale utilisée pour traiter les troubles mentaux.

Toutefois, **cette technique est aujourd'hui vivement critiquée** en raison des dommages irréversibles qu'elle causait, et elle soulève des questions éthiques sur les méthodes employées à l'époque.

Vie quotidienne et société

Fait n°79

Un petit rail de coke ?

En 2001, le Portugal a pris une décision audacieuse : **décriminaliser toutes les drogues, du cannabis à l'héroïne !**

Loin d'encourager la consommation, cette mesure a permis de traiter les dépendances comme un problème de santé publique plutôt que comme un crime.

Résultat ? **Une baisse spectaculaire des overdoses** et des infections liées à la drogue, ainsi qu'une réinsertion sociale accrue des usagers. Aujourd'hui, ce modèle est étudié dans le monde entier comme une réussite exemplaire.

Fait n°80

Le club de football avec le plus de supporters

Le Sport Lisboa e Benfica, ou simplement Benfica, n'est pas seulement un club de football : c'est une institution nationale et une source de fierté pour des millions de Portugais. Avec **plus de 250 000 membres** inscrits, le club détient le record mondial du plus grand nombre de supporters officiellement enregistrés, selon le Guinness World Records.

Le Stade de la Luz, où Benfica joue à domicile, est souvent surnommé la "Cathédrale du Football". Il peut accueillir plus de 65 000 spectateurs, et lors des matchs importants, l'atmosphère y est électrique. Mais ce qui distingue vraiment Benfica, c'est son histoire riche et son attachement profond à la culture portugaise. Le club a été fondé en 1904 et a remporté de nombreux titres, dont 2 Coupes d'Europe.

*Avec **plus de 250 000 membres**, le Benfica a une base de supporters équivalente à la population d'une ville comme **Vérone** ou **Fort Lauderdal** ! Le **Stade de la Luz**, avec ses **50 000 tonnes**, pèse autant que **7 150 éléphants** ou **450 baleines bleues** !*

Fait n°81

Le secret de la longévité…

Les habitants de l'Alentejo, cette région paisible du sud, figurent parmi les populations avec **la plus grande longévité d'Europe.** Leur secret ?

- Une alimentation riche en huile d'olive, légumes frais et poisson.
- Un rythme de vie peu stressant.
- Des soirées en famille et dans les fêtes locales.
- Un lien fort avec la nature.
- Et… beaucoup de soleil !

Ce mode de vie est souvent cité comme un exemple d'harmonie entre simplicité et santé.

Fait n°82

Plongez dans l'au-delà...

À **Aldeia da Luz**, un village submergé lors de la construction du barrage d'Alqueva, les habitants furent relogés dans une nouvelle ville construite à l'identique... mais sans leurs morts. Les tombes du cimetière d'origine furent transférées, mais de nombreuses légendes racontent que les esprits des défunts continuent de hanter les eaux de l'ancien village.

Aujourd'hui, les plongeurs qui explorent les ruines englouties **affirment ressentir des sensations étranges.** Certains on même dit avoir vu des silhouettes sombres dans l'eau...

Fait n°83

Pionnier de l'abolition

En 1867, le Portugal devint l'un des premiers pays au monde à abolir la peine de mort pour tous les crimes civils.

Un acte visionnaire qui illustre son rôle avant-gardiste en matière de droits humains. À titre de comparaison, la France n'a aboli la peine capitale qu'en 1981.

Fait n°84

Le café, un rituel sacré

Au Portugal, le café est bien plus qu'une simple boisson : c'est un art de vivre. Le *bica* — l'équivalent local de l'expresso — est une institution. Il se déguste debout au comptoir ou en terrasse, souvent accompagné de conversations animées.

À Lisbonne, certains cafés historiques, comme le célèbre Café A Brasileira, ont vu passer écrivains et artistes. Mais saviez-vous que le Portugal est aussi responsable de l'introduction du café au Brésil ? Une histoire fascinante qui a permis au plus grand producteur mondial de café de voir le jour.

Fait n°85

Un ragoût au goût volcan

L'île de São Miguel, dans l'archipel des Açores, est célèbre pour ses paysages volcaniques à couper le souffle. Mais le phénomène le plus impressionnant reste les "fumaroles de Furnas". Dans cette vallée luxuriante, la terre semble vivante : des jets de vapeur brûlante s'échappent du sol, et l'air est saturé d'un parfum de soufre.

Les habitants ont tiré parti de cette activité volcanique pour créer une spécialité unique : le cozido das Furnas, un ragoût cuit directement dans la chaleur des entrailles de la Terre. Le plat, préparé dans des pots enterrés dans le sol, mijote pendant des heures et en ressort imprégné d'arômes fumés !

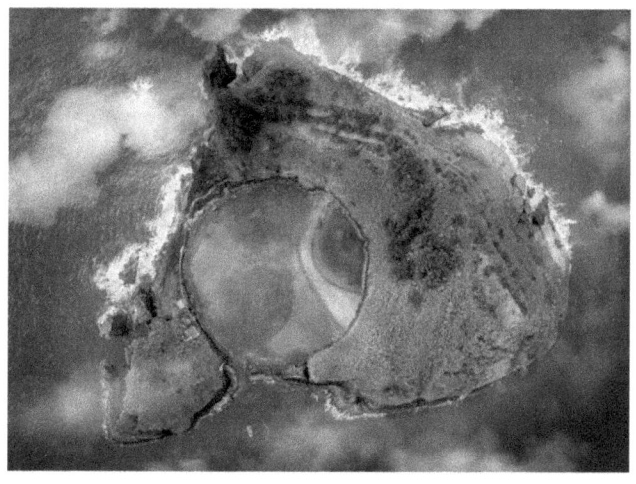

*Dans cette vallée volcanique, des jets de vapeur brûlante jaillissent de la terre, atteignant parfois des **températures de 200 °C**, rendant le sol si chaud qu'il devient une véritable cuisinière naturelle !*

Fait n°86

Les kiosques à musique

Dans les parcs et les places du Portugal, les **kiosques à musique** en fer forgé, souvent ornés de motifs floraux, sont bien plus que de simples décors : ils témoignent d'une époque où les concerts en plein air faisaient vibrer la vie sociale des villes.

Aujourd'hui, ces kiosques, construits entre le XIXe et le XXe siècle, sont encore utilisés pour des événements culturels et des festivals, rappelant le lien indéfectible entre le patrimoine et la modernité.

Fait n°87

Les vaches...d'appartement

Dans certaines régions urbaines du Portugal, notamment à Lisbonne, il n'était pas rare, jusqu'au milieu du XXe siècle, de trouver **des vaches dans des appartements**. Les familles les gardaient pour avoir un approvisionnement constant en lait frais.

Ces "vaches d'appartement" étaient souvent **montées et descendues par les escaliers** pour paître dans les rares espaces verts disponibles. Cette pratique, bien que surprenante aujourd'hui, témoignait de l'ingéniosité des citadins pour subvenir à leurs besoins alimentaires en milieu urbain.

Fait n°88

Ici, on se couche tard !

Les Portugais sont célèbres pour leur mode de vie nocturne. Dans des villes comme Lisbonne ou Porto, les rues restent animées jusqu'aux petites heures du matin.

Les dîners commencent **souvent vers 21h**, et il n'est pas rare de voir des familles entières, enfants compris, se promener ou discuter dans les cafés après minuit.

Ce rythme de vie reflète l'importance du lien social et de la convivialité dans la culture portugaise. Ici, la nuit appartient à ceux qui savent profiter de la vie.

Fait n°89

Les châtaignes en feu !

Dans la ville de Marvão, chaque automne, se tient le **Festival da Castanha**, une célébration dédiée à la châtaigne.

Ce qui rend ce festival unique, c'est la tradition de lancer des **châtaignes enflammées dans les airs**, créant un spectacle pyrotechnique naturel. Les habitants croient que cette pratique éloigne les mauvais esprits et assure une bonne récolte pour l'année suivante.

Le spectacle, bien que fascinant, peut être risqué. Des visiteurs maladroits ou trop enthousiastes ont parfois fini par recevoir une châtaigne enflammée sur leurs vêtements ! Mais cela fait partie de l'expérience : un mélange d'adrénaline et de folklore.

Fait n°90

Les châtaignes en feu !

Dans la ville de Marvão, chaque automne, se tient le **Festival da Castanha**, une célébration dédiée à la châtaigne.

Ce qui rend ce festival unique, c'est la tradition de lancer des **châtaignes enflammées dans les airs**, créant un spectacle pyrotechnique naturel. Les habitants croient que cette pratique éloigne les mauvais esprits et assure une bonne récolte pour l'année suivante.

Fait n°91

La forêt des esprits

La forêt de Bussaco, près de Coimbra, est réputée pour **être hantée** par les esprits des moines carmélites qui y vivaient autrefois.

Des visiteurs rapportent avoir entendu des chants grégoriens mystérieux et aperçu des silhouettes fantomatiques parmi les arbres centenaires. Cette forêt, avec ses sentiers sinueux et son atmosphère brumeuse, est un lieu de légendes et de superstitions, où le sacré et le surnaturel se mêlent.

Fait n°92

Les poupées aux fenêtres

Dans certaines régions rurales, il est courant de voir des poupées placées aux fenêtres ou sur les balcons des maisons.

Ces poupées, souvent vêtues de manière traditionnelle, sont censées protéger le foyer contre le mauvais œil et les esprits malveillants. Cette pratique, bien que surprenante, est profondément enracinée dans les croyances locales.

Fait n°93

Les villages provocateurs

Au Portugal, certains villages portent des noms pour le moins surprenants. Par exemple, il existe un village nommé **"Meia Praia"**, qui se traduit par "Demi-Plage". Un autre village porte le nom de **"Venda das Raparigas"**, littéralement "Vente des Filles". Ces toponymes intrigants suscitent souvent l'étonnement des visiteurs et reflètent des histoires locales parfois oubliées.

Fait n°94

Le sandwich !

Comme son nom ne l'indique pas, le « Frenchy » est une spécialité portugaise. C'est un sandwich plutôt spécial…

Pour le composer, il vous faut des saucisses, du jambon et de la viande de bœuf. Recouvrez-le tout avec du fromage coulant et une sauce à base de tomate et de… bière ! Il est classé comme un des meilleurs sandwichs du monde. En plus, il est économique et nourrissant.

Un Frenchy contient environ **1 500 calories** *!*

- *C'est **3 fois plus** qu'un **Big Mac** !*

- *Même une généreuse portion de **lasagnes bolognaises** (environ 800 calories) paraît légère face à ce sandwich copieux…*

- *Un Frenchy équivaut à **2 pizzas Margherita individuelles** ou **5 barres de chocolat** !*

Fait n°95

Le palais hanté

À Lisbonne, le **Palais de Beau-Séjour** est réputé pour être hanté par le baron de Glória, son ancien propriétaire du XIXe siècle.

Les employés rapportent des objets qui se déplacent ou disparaissent mystérieusement, des fenêtres qui s'ouvrent et se ferment sans raison apparente, et des cloches inexistantes qui tintent dans les jardins. Ce lieu, bien que magnifique, est entouré d'une aura mystique qui attire les amateurs de paranormal.

Fait n°96

La plus haute vague jamais surfée !

Le 8 novembre 2010, à Nazaré, le surfeur brésilien Rodrigo Koxa a dompté une vague de **24,4 mètres**, la plus haute jamais surfée dans le monde.

Ce lieu est célèbre pour ses vagues gigantesques, dues à un canyon sous-marin unique en son genre, qui amplifie la puissance des vagues de l'Atlantique.

Fait n°97

Made in Brazil

À Almada, face à Lisbonne, se dresse le **Cristo Rei**, une immense statue du Christ inspirée du célèbre **Christ Rédempteur** de Rio de Janeiro.

Elle fut construite en remerciement pour avoir épargné le Portugal des horreurs de la Seconde Guerre mondiale. Du haut de ses 28 mètres, elle offre une vue imprenable sur la capitale.

Fait n°98

La station de ski méconnue

Le Portugal n'est pas seulement synonyme de plages ensoleillées. Dans la **Serra da Estrela**, vous trouverez une station de ski dotée de neuf pistes. Cette chaîne de montagnes, située au centre du pays, offre également des paysages hivernaux surprenants et une opportunité rare de skier au Portugal.

*Chaque année, certains skieurs trop enthousiastes ou mal préparés finissent par se perdre dans le labyrinthe rocheux enneigé. En 2020, un groupe de randonneurs s'est aventuré en dehors des pistes balisées et a dû être **secouru par hélicoptère** après avoir été piégé par une tempête soudaine. Une preuve que même une station de ski modeste peut réserver son lot d'adrénaline.*

Fait n°99

Un aéroport au nom d'une légende

Sur l'île de Madère, l'aéroport porte le nom de **Cristiano Ronaldo**, l'un des plus grands footballeurs de tous les temps, originaire de l'île. Il abrite également une statue controversée de l'athlète, qui a autant fasciné qu'amusé en raison de ses proportions jugées étranges…

Fait n°100

Une consommation de poisson remarquable !

Le **Portugal** est une véritable terre de passionnés de poisson. Avec une consommation moyenne de **56 kg par personne et par an**, les Portugais se classent parmi les plus grands consommateurs de poisson au monde, juste après les Japonais. Cette relation intime avec la mer et ses produits s'explique par plusieurs facteurs.

D'abord, la géographie du pays joue un rôle clé. Avec plus de **1 800 kilomètres de côtes**, le Portugal a toujours été tourné vers l'océan Atlantique. Les fruits de mer frais, les poissons comme la sardine, le cabillaud, et le poulpe, sont des ingrédients de base dans la cuisine portugaise. Le **bacalhau**, ou morue salée, est souvent surnommé "le roi des poissons" et se décline en **365 recettes différentes**, une pour chaque jour de l'année !

SOURCES

Livres

◉ Campos, J. L. (2018). *Histoire du Portugal et de son empire maritime*. Fayard.

◉ Ribeiro, A. (2021). *Portugal 12ed.* Lonely Planet.

◉ Oliveira Marques, A. H. (2001). *Histoire du Portugal : Des origines à nos jours*. Perrin.

◉ Saramago, J. (1997). *Le Portugal : Terre de lumière*. Seuil.

◉ Loureiro, M. (2020). *Le Portugal en 100 questions : Entre traditions et modernité*. Tallandier.

Sites

Précision importante

Il convient de souligner que les sites mentionnés sont fournis à titre indicatif uniquement. Il est important de noter que ces liens ne sont pas des liens d'affiliation et ne génèrent aucune rémunération pour l'auteur ou l'éditeur.

Organismes officiels de régulation :

- Site officiel du gouvernement portugais : https://www.portugal.gov.pt/en

- Programme des Nations Unies pour le Développement : www.undp.org/fr

- Forum économique mondial : www.weforum.org/

- FMI (Fonds Monétaire International) : https://www.imf.org/

- OMC (Organisation Mondiale du Commerce) : www.wto.org/

- OCDE (Organisation de Coopération et de Développement Économiques) : www.oecd.org/

- FAO (Organisation des Nations Unies pour l'alimentation et l'agriculture) : www.fao.org/home/fr/

Images

- www.canva.com

www.ingramcontent.com/pod-product-compliance
Lightning Source LLC
LaVergne TN
LVHW050024080526
838202LV00069B/6904